Susanne Gehrke

Dein Weg zu Dir

Gedichte, die das Leben schrieb

AF210925

FRIELING

Bibliografische Information der Deutschen Nationalbibliothek
Die Deutsche Nationalbibliothek verzeichnet diese Publikation in der
Deutschen Nationalbibliografie;
detaillierte bibliografische Daten sind im Internet über
http://dnb.d-nb.de abrufbar.

© Frieling-Verlag Berlin
Eine Marke der Frieling & Huffmann GmbH & Co. KG
Rheinstraße 46, 12161 Berlin
Telefon: 0 30 / 76 69 99-0
www.frieling.de

ISBN 978-3-8280-3522-5
1. Auflage 2020
Auch als E-Book erhältlich (ISBN 978-3-8280-3523-2).
Umschlaggestaltung: Michael Reichmuh
Bildnachweis: Leonid Tit, Adobe Stock
Sämtliche Rechte vorbehalten
Printed in Germany

Inhalt

Liebe zur Natur

Dein Weg zu dir

Menschlichkeit

Vom Sternchen zum Schnuppchen

Wie einsam, so ein Stern zu sein,
die Menschen bewundern den hellen Schein,
in einer Welt, wo oft der Schein,
gewahrt, trügt und heilig,
und dann der Stern, so langsam sinkt,
man hat gewusst, dass da was stinkt,
es scheint uns schnuppe,
was aus ihm wird,
doch wenn die Schnuppe herunterschwirrt,
wünschen wir, dass was wird …

Unendliche Trauer

Lass ich der Trauer ihre Zeit,
versinke ich in Ewigkeit,
kein Wort, kein Blick erreichen mich dann,
die Trauer zieht mich in ihren Bann,
Fluten von Tränen steigen auf in mir,
lass ich sie zu,
versinke ich hier.
Wer kann mich halten
und mich verstehen?
Werd ich es wagen,
kann sie vergehen!

Von denen, die dachten, dass sie wollten!

Am Morgen dein Gedanke ein wenig Sport,
der Schweinehund, der sprach von Mord,
gesunde Kost, so sinniertest du,
ach, heute drücken wir mal ein Auge zu,
mit dem Rad zur Arbeit fahr'n,
ach da fährt doch 'ne Straßenbahn,
zu Fuß geh ich dann nach Haus,
es sieht nach schlechtem Wetter aus,
ins Fitnessstudio, das wär schön,
ich möchte lieber shoppen gehen.
Dann lese ich noch ein gutes Buch,
die Augen schwach, was für ein Fluch.
Ersauf ich dich, du Schweinehund,
muss ich dich nicht ertragen,
geschafft, ach, wie schön,
wieder einer von diesen Tagen.
Im neuen Jahr, ihr Lieben,
da werd' ich ihn besiegen!!!

Die Zeit, die uns bleibt

Nimmst du dir Zeit, in dich zu gehen,
dich wohlzufühlen,
deine Sonne zu sehen?
Nimmst du dir Zeit, Liebe zu schenken,
dich nicht zu verrenken,
Freunde zu sehen?
Nimmt dich die Zeit und hält dich gefangen,
ohne Verlangen gibst du dich hin?

Bitte nimm dir die Zeit,
dich zu spüren
und dich zu fragen: Wie geht's mir seit Tagen?
Denn keiner weiß, wie viel Zeit dir bleibt!

Trauer

Trauer und Wut stecken tief in mir drin,
mein inneres Kind weiß nicht, wer ich bin,
hab mich versteckt, verleugnet,
auf der Suche nach Licht,
mein Herz, das schmerzt,
ich weine nicht.

Die Schönheit des Seins

So dachte ich, ich bin,
und doch war ich nicht,
so glaubte ich, ich gewinn,
und ich gewann nicht,
so wollte ich doch geben,
und doch gab ich nichts,
so glaubte ich zu leben,
und doch lebte ich nicht,
so dachte ich, ich liebe,
und doch liebte ich nicht.
Dann starb ich eines Tages,
doch meine Seele starb nicht.

Lebensmüde

Du warst des Lebens müde,
kein Halten für dich hier,
und hast für dich entschieden,
ich geh durch diese Tür,
ein letzter Blick auf die Deinen,
wie sie zusammen weinen,
voller Freude gehst du dann,
vielleicht triffst du auf deinen geliebten Mann,
still und leise,
gute Reise!

Verlorene Tränen

Du gehst mir verloren,
verloren auf diesem Weg,
glaubte nicht, dass es könnt geschehen,
einfach so verloren zu gehen,
die Trauer, welche die Verlorenheit weckt,
ist Trauer, die schon lang in mir steckt,
so lange Zeit ist es schon her,
verloren, wie Tränen
im graublauen Meer!

Unterdrückte Emotionen

Häufig spür' ich, was nicht ausgesprochen,
Seelen krank, Menschen gebrochen,
Emotionen, die mein Herz erfassen,
greif' auf, form' Worte,
spreche aus, was unterlassen,
so wein' ich Tränen,
die nicht die meinen,
manchmal gelingt es zu vereinen,
Liebe neu zu entdecken,
gemeinsam Träume aufzuwecken.

Die Sicht der Dinge

Manchmal sind die Augen blind,
der Verstand glaubt zu sehen,
verkümmertes Herz,
hüllt sich in Schweigen.

Das Klagelied

Da sitze ich und weine,
so ganz für mich alleine,
was kann der Welt ich geben,
die Trauer aus meinem Leben,
will die Welt sie haben?
Mein Kummer und mein Klagen,
wenn ich mich dir so zeige,
noch bin ich etwas feige,
mein Mut zur Trauer ist noch klein,
irgendwann wird er größer sein.

Die, die ich bin

Manchmal bin ich traurig, dass ich bin,
manchmal bin ich ohne Lebenssinn,
manchmal bin ich ganz einfach dahin,
manchmal einsam, weil ich bin, wie ich bin.

Manchmal bin ich traurig, dass ich bin,
manchmal bin ich wütend immerhin,
manchmal bin ich entsetzt, wie ich bin,
doch geb' ich dem Leben mich noch hin.

Manchmal bin ich traurig, dass ich bin,
manchmal bin ich so komisch, wie ich bin,
manchmal bin ich voller Lebenssinn,
darum bleibe ich die, die ich bin!

Was ist das für ein Leben?

Was ist das für ein Leben?
Keine Zeit, kein Vertrauen,
keine Liebe, die wirklich eine zu sein vermag,
niemand weiß, was ich fühle, was ich denke
        und was ich möchte.
Wo ist das Leben, das ich wollte?
Niemand hat mich verstanden,
auf der Suche nach meinem Ich.

Vergiss, was ich sagte, denn du wirst es niemals verstehen,
vergiss, was ich meinen könnte, lang sind die Worte
        schon vergangen;
vielleicht kannst du irgendwann sehen, was ich
        zu denken vermochte.

Ein Kampf, den niemand sah, geschweige je verstand,
geführt mit einem Schwert aus purem Sand,
so wollte ich sein, mich brennen in euer Gehirn,
doch verbrannt war nur meine Seele.

Schreien möchte ich und laufen, bis mein Herz
        nicht mehr brennt,
bis ich endlich wieder frei bin von dir,
mein Ich finden, das irgendwo auf dem Weg verloren,
schreien, schreien, schreien.

Sonne auf meiner Haut, Wasser um mich herum,
niemand trampelt auf meiner Seele einfach so herum,
gib mir keine Versprechen, trauen kann ich dir nicht,
auch du wirst Herzen brechen, egal was dein Mund
        jetzt spricht.

Glück und Liebe

Die Liebe zu mir selbst

So nehm' ich mich in meinen Arm,
fühl keine Angst und keine Scham,
hör auf, mich selber zu zerstören,
mich zu verurteilen,
mich zu verhören.
Ablehnend stand ich selbst vor mir,
hab meine Schönheit nicht erkannt,
wie sollen es andere Menschen sehen,
was ich selbst nicht in mir fand?
Darum nehm' ich selbst mich in den Arm,
erfüllt mit Liebe, und lebe Charme!

Meine Muse

Du gibst mir, ohne es zu wissen,
täglich, zärtlich einen Kuss,
treibst mich voran,
ich würd's vermissen,
wenn da wäre mit dir Schluss.
Meine Herz schlägt wissend,
voller Freude,
dein Wesen zaubert der Schönheit Glanz,
in mir klingt und tanzt die Seele,
dies ist nur unser Tanz.
Ich höre, sehe. fühle,
Gedanken schweben an deinen Ort,
unerreichbar in diesem Leben,
so lebt die Liebe in mir fort.
Beschützt seist du auf deinen Wegen.
So bete ich täglich für deinen Segen!

Von der Liebe, die bleibt!

Da suchst du auf der ganzen Welt
die Liebe, die für immer hält,
schaust nach der Frau, dem Mann,
der dein Herz verzaubern kann,
und dann?
Kommt ein Sturm,
oder auch nicht,
findest du Liebe in einem Gedicht,
gehst fort oder bleibst hier,
doch die wahre Liebe
findest du nur in dir!

Dein Licht

Wenn dein Licht die Nacht erhellt,
Funken sprühen,
trag deinen Glauben in die Welt,
Blumen blühen,
schenkst du Freude mit deinem Blick,
Zauber glüht,
halte deine Liebe nicht mehr zurück,
Herz bemühen.

Das Glück der Welt

So wünsch ich euch das Glück der Welt,
wie mag das für euch sein?
Gibt es einen Ort auf dieser Welt,
wo ihr könnt glücklich sein?
Findet ihr das Glück in Dingen,
die euch umgeben?
Ist das Glück der Welt ein Mensch
in eurem Leben?
Seid ihr glücklich im Leben,
glücklich über euer pures Sein?
Nein, ihr wollt nicht glücklich sein?
Mein Glück der Welt besteht darin,
wenn ich mein Herz spür in mir drin,
wenn ich annehmen kann den Moment,
egal, ob Regen oder Sonne brennt!

Der Mensch

Der Mensch, er wünscht sich Liebe,
im Herzen, im Kopf, im Sinn,
geliebt, bedeutet nie allein,
auch wenn ich nicht bei dir bin.

Der Mensch, er ist voller Hoffnung,
im Herzen, im Kopf, im Sinn,
die Hoffnung, die der Wind erzählt,
manchmal glaub ich, dass ich spinn.

Der Mensch, er träumt sich Frieden,
im Herzen, im Kopf, im Sinn,
mehr und mehr
werden erkennen, dass dies ist
der Beginn!

Von der Liebe, dem Leben und der Leidenschaft

Empfindest du Liebe zum Leben,
formst du die Leidenschaft,
schaffst du dir Leiden,
stirbt die Liebe am Leben,
lebst du die Leidenschaft,
mehrst du die Liebe,
erkennst du die Liebe in der Leidenschaft,
lebst du dein Leben, in Liebe.

Schatten der Liebe

Du glaubst; die Sonne trifft mitten ins Herz,
dann sitzt du im Schatten der Liebe,
bist noch beflügelt, in Schönheit versunken,
versteckt die Hiebe der Triebe.

Gedanken schweben im Winde davon,
mit Worten vergangener Stunden,
hoffst auf einen Engel zum Lichte empor,
siehst nicht die offenen Wunden.

Geschmeidig du das Leben liebst,
genießt die lauen Nächte,
das Unglück rollt schon auf dich zu
und es kennt seine Rechte.

Loslassen

Liebe ist loszulassen
und die Freiheit zu genießen,
losgelassen zu sein,
im Loslassen kann sich entfalten,
erblühen und vergehen,
den Rest übernimmt das Leben.

Fehlende Liebe

Mir fehlt die Liebe zu erkennen,
was dich treibt und traurig macht,
mir fehlt die Liebe zu erfassen,
was du brauchst in dieser Nacht,
mir fehlt die Liebe zu vertrauen,
dass mein Geben dich berührt,
mir fehlt die Liebe, mich zu lieben,
zu viel außen hat mich verführt.

Rauchnächte

Ich hab' mit dir getanzt,
ich hab' mit dir gelacht,
ich hab' mit dir eine Menge
Blödsinn gemacht,
ich freu mich, dich zu sehen,
ich ging mit dir spazieren,
ich dachte nur im Traum daran,
dich zu verführen,
dies ist eine Liebe,
so wie ich sie will,
bedingungslos,
im freundschaftlichen Stil.

Wenn du dich traust!

Du bist die Wandlerin der Anderswelten,
von zartem Wesen und Gemüt,
lässt nur Frieden auf Erden gelten,
heilst, liebst, bis die Seele blüht,
Du bist die Weiserin verwobener Wege,
dem Wahrheitszauber auf der Spur,
ich wünsche dir aus tiefster Seele,
die heilende Liebe, Liebe pur,

Sie darf dich halten,
und für dich sein,
darf sich dir schenken,
tief, tief, tief, in dein Herz hinein.

Keine Zeichen, keine Wünsche, keine Hoffnung!

In meinen Armen hielt ich dich,
ganz fest, doch sanft umschlungen,
meine Augen durchdrangen dich,
mein Herz mit mir gerungen,
gewagt das Herz vom Sinn,
die Logik war dahin,
was war in deinen Augen,
schon so verwirrt,
konnt' nichts mehr glauben,
zu viel hinein, zu viel heraus,
die Fantasie geht mir nicht aus,
da erwachte ich und sah,
alles war nicht wahr,
doch eins ist mit geblieben,
ich werd' dich immer lieben.

Absichtslos glücklich

Nun gebe ich frei,
was nur in Freiheit kann gedeihen,
ich lass dich los,
ich lache und ich wein',
Erfahrungen, sich erkennen,
sich verstecken, sich verrennen,
sich verlieren und neu finden,
sich in Freundschaft verbinden,
so geb' ich frei
und lass die Freiheit sich gedeihen,
in mir ist Frieden,
das ist es, was ich mein'.

Das Leben ist ein Gedicht

Ein Gefühl schwebt in der Luft,
eingefärbt von zartem Duft,
nur eine Ahnung, ein Augenblick,
nimm ihn wahr, er kehrt nie zurück,
wenn die Nachtigall ihr Lied beginnt,
lausche ihr, sei mit dem Wind,
ihr Gesang geht tief ins Herz,
vielleicht singt sie von Liebesschmerz.

Klare Winternacht

In einer klaren Winternacht,
wo Sterne singen, ein Cello klingt,
kann ein Licht uns wirklich bringen,
so verloren, wie wir sind,
es steigt auf, so tief verborgen,
von ganz weit her,
Erinnerung,
wir fühlen nichts mehr.
In dieser klaren Winternacht,
die weiße Stille, fröhlich tanzt,
das Herz so fest zugemacht,
ein winziger Spalt,
durchdringt der Glanz.

Heut ist nun diese Winternacht,
Hoffnung, neu geboren,
Verbundenheit, neu entfacht,
finden wir, was einst verloren,
Windgeflüster mir verspricht,
was zählt, ist die Liebe
und das Licht!

Was würde die Liebe dazu sagen?

Was auch war an manchen Tagen,
ich knie nieder nur vor ihr,
ergriffen lausche ich
und kann nichts sagen,
denn die Liebe spricht zu mir,
manchmal schnell mein Urteil fiel,
ich vergaß mein Mitgefühl,
doch höre ich der Liebe zu
schweigt mein Geist,
ich komm' zur Ruh.
Was würde die Liebe dazu sagen?,
frag ich mich an manchen Tagen!

Wachstum und Vertrauen

Geschenk

Ich schenke Dir einen Moment,
einen Moment der Stille,
indem Du vielleicht einfach fühlst,
was war einmal mein Wille?
Ich schenke Dir einen zweiten Moment,
der Moment des Friedens,
was könntest Du für Dich tun?
Soll Frieden nun in Dir ruh'n.
Ein dritter Moment
lässt im Herzen sehen,
Mitgefühl kann in Dir entstehen!

Grenzenlosigkeit

Ach, wäre mein Denken doch grenzenlos,
frei von Urteil und Wert,
dann wär auch mein Handeln so grenzenlos,
alles „richtig", nichts „verkehrt".
Dann kann ich sein,
wer, was, wie und wo ich bin,
Gelassenheit in meinem Sinn,
egal, wenn andere denken,
dass ich spinn!!!

Gezeiten des Lebens

Geborgenheit, die du ersehnst
im Wandel der Zeiten,
Vertrautheit in Selbstverständlichkeiten,
die Gezeiten des Lebens tanzen mit mir,
lässt du es zu, findest du zu dir.

Gedanken in dir erwachen,
füllen dich mit Leben, Liebe und Lachen,
erahnst du nicht deine Energie,
bewege dich mit ihr, empfinde sie.

Ruhe in dir, vom Zweifel getragen,
die Kraft der Gezeiten werden's dir sagen,
wann es Zeit ist für dich zu gehen,
zu kämpfen, zu siegen oder zu sehen.

Einblicke

Lasse ich zu den Blick in mein Herz,
sind wir verwandte Seelen,
die einander begleiten, erkennen
miteinander lachen,
uns lassen und wissen um unser Sein.

Weil du bist!

Interpretationen einer Welt,
sehen was gefällt,
Hoffnungen, Wünsche,
den Träumen entsprungen,
ist es gelungen, die Wahrheit zu glauben,
den Verstand in die Irre,
meine Nerven zu rauben,
mein Herz zu erdrücken,
bis gar nichts mehr geht,
siehst du denn nicht,
wie es um mich steht?
Geschüttelt mein Körper,
krieg es nicht hin,
meine Gedanken so leer,
und such' nach dem Sinn,
den Weg der Gefühle,
akzeptieren, nicht verstehen,
das Leben zu leben,
nicht zu verdrehen.

Gestimmt?!

Sind wir gestimmt für diese Welt?
Stimmen mit ein, was uns gefällt,
sind wir verstimmt, wenn's nicht so geht,
die Stimme, die Stimmung genau „verrät".

Sind wir bestimmt für diese Welt?
Leben unsere Bestimmung unverstellt,
gehen den Weg, der uns gefällt,
glücklich, auch ohne Geld?!

Sind wir verstummt auf dieser Welt?
Graue Masse, jeder ein Held?
Erhalt dir deinen Blick
für das Schöne im Sein,
so schaffst du Frieden, nicht nur für dich allein.

Zwei Minuten für einen schönen Tag

Stopp deine Gedanken,
die da sind im Gestern oder Morgen,
jetzt bist du hier,
dann sei auch hier,
nimm, wie es ist,
liebevoll, sei mit dir,
umarme die, die dir am liebsten sind,
vertraue,
mit Neugier wie ein Kind,
lass auch die, die dich schrecken,
zu dir ein,
genau diese Menschen spiegeln
dein kleines Sein.

Das Leben

Hab ich vom Leben aufs Maul bekommen,
zuerst war ich wütend, dann wie benommen,
am liebsten hätt' ich mein Schwert geschwungen
und Rachelieder dabei gesungen.
Bevor ich dies tat, kam der Gedanke,
vielleicht senk ich mein Haupt
und sage Danke?
Möglicherweise hab ich Besseres zu tun
und ohne Veränderung würd' ich mich nur ausruh'n.

Wer bist du?

Wer bist du, wenn dein Ego von dir geht?
Wer bist du, wenn die Welt in Trümmern steht?
Wer bist du, wenn dein Körper dir versagt?
Wer bist du, wenn niemand nach dir fragt?
Bist du dann die, die du bist?
Bleibst trotz allem ein Optimist?
Vielleicht wird es dir dann klar?
Du bist einzigartig und wunderbar!

Reich der Fantasie

Zauberwald

Im Walde, wo die Feen leben,
soll es so manches Geheimnis geben,
beim Kobold mit dem spitzen Ohr
lugt eine rote Locke hervor,
den grünen Hut tief im Gesicht.
Glaubt er wirklich,
ich seh' ihn nicht?
Ein Baumgeist einer alten Linde
Fragt, was ich empfinde.
Da lehn ich mich an seine Rinde,
bevor ich träumend entschwinde.

Verschleierung

Meer, ich will mehr,
von diesen Augenblicken,
in denen ich sehe oder sehen möchte.

Was gäb' ich dafür, zu fühlen,
wonach meine Sinne schreien?
Doch dann immer Meer, das Salz auf der Haut,
noch mehr würde ich von ihr wollen.

Meer, die Wellen der Mondin erlegen,
geführt, begleitet, verstummt,
die Melodien des Windes,
intuitiv in uns summt.

Was macht der Sinn in Sinnlichkeit?

Sollte nicht sein, ohne zu denken,
den Wünschen ergeben,
gedankenlos schenken,
die Sinne entführen,
den Zeichen entgegen,
nach mehr Sinnlichkeit
in kalten Zeiten streben,
entflohen das „Sinnlich-",
geblieben die „-keit",
war das die Macht der Sinnlichkeit?

Rosenzaubergarten

Im Rosenzaubergarten die Rosaroten blühen,
sie wollen nicht mehr warten,
um Liebe sich bemühen;
so wie die Sonnengelben,
mit einem Hauch Bordeaux,
sie tanzen mit dem Winde
und sind des Seins froh;
an einer wilden Hecke
die Seidenrote stand,
schön und schüchtern
duckt sie sich an die Wand;
die unschuldige Weiße,
mit schmunzelndem Gesicht,
blinzelt in die Sonne
und hinterfragt sich nicht;
leicht verwegen die Orange,
südländisch im Temperament,
fordert auf zum Tanze,
mit spanischem Akzent.
In Deinem Zaubergarten wird
es anders sein,
so ein Zauber will gefunden sein!

Winterblume

Bizarr die Formen,
die Farben so kühl,
nur betrachten,
keine Berührung,
das wäre zu viel,
dann schmilzt sie dahin,
die Blume des Eises,
die Königin.

Was soll ich dir sagen?

Eingetaucht in die Welt der Farben,
in die Farben der Klänge,
in den Klang der Welt,
voll weltlicher Düfte,
in duftender Schönheit,
der Schönen erlegen,
erlegen dem Sanften,
besänftigte Kräfte,
kräftig verlegen,
bekräftigte Zweifel,
gezweifelt an mir.

In den Wolken

Hast du den lachenden Zwerg gesehen,
der konnte vor Lachen nicht mehr stehen,
oder die Frau mit dem schönen Gesicht?
Kann sein, sie interessierte dich nicht.
Vielleicht das schwebende Notenblatt,
sahst du den dicken Nimmersatt?
Engel, Tiere, Elfen und Feen,
alle habe ich heute gesehen,
möglicherweise sahst du dies alles nicht,
da war nur der Regen auf deinem Gesicht.

Kleine Freunde

Manchmal sitzt ein kleiner Kobold
gleich so nebenan,
tut so ganz unbeteiligt
und grinst mich dabei an,
schenk ich ihm nicht die Beachtung,
die nur ihm gebührt,
dauert es gar nicht lange
bis er etwas im Schilde führt.
Er versteckt die Schlüssel,
stellt mir Beine,
öffnet meine Schuh',
schmeißt die Wäsche von der Leine
und zwinkert mir noch zu.

Weiße Flocken

Weiße Flocken schweben nieder,
ihre Freunde mitgebracht,
toben, tanzen, singen Lieder,
ergreifendes Lachen durchdringt die Nacht,
weiße Flocken vom Winde getragen,
heller Schein, ein Funkeln nur,
der Wind, der Wind, muss es ertragen,
in seiner Liebe verfolgt er die Spur,
eine Flocke hat es ihm angetan,
er pustet, lächelt und feuert sie an,
die Schöne, die Schöne nimmt ihn nicht wahr,
so wartet er aufs nächste Jahr.

Kleiner blauer Drache

Auf einem Holunder entdeckte ich dich,
kleiner blauer Drache,
deine Schönheit verzauberte mich,
da konnte ich gar nichts machen,
es lag mir fern,
dich zu berühren,
noch wollte ich dein Feuer spüren,
allein die Schönheit deines Seins
inspiriert wie Sonnenschein.

Perspektivwechsel

Verrückt?!

Verschoben mein Blick,
Energien in Freiheit
pulsieren in meinem Kopf,
der Drang nach Irrsinn –
oder doch im Wahn?!
Was siehst du?
Schau mich an
und vergleiche deine Wahrheit!
Erschrocken
über deine oder meine verrückte Sicht?
Glaubst du vielleicht,
sie spüren es nicht?
Viel sensibler sie empfinden,
da kannst du reden
und dich winden,
schon lange haben sie dich erkannt,
trotz allem dich nicht benannt.

Sonntagsgedicht

Du sagst mir, wie ich bin,
aus deiner Sicht,
doch bin ich so?
Nein, bin ich nicht,
ich kann nur sein,
was mir entspricht,
was ich denk und fühl,
aus meiner Sicht.

Sein

Alles, was wir denken,
sind wir nicht;
alles, was wir fühlen,
denken wir nicht;
alles, was wir vorgeben zu sein,
sind wir nicht;
alles, was wir sind,
glauben wir nicht!

Deine Freiheit

Das Wichtigste in diesem Leben
ist, tief im Inneren frei zu sein,
sich nicht der Wichtigkeit zu ergeben,
das Ego fängt die Formen ein,
zu lauschen, zu schweigen,
präsent zu sein,
sich zurückzunehmen,
um frei zu sein.

Die Schönheit der Welt erkennen

Schwarze Punkte auf einem Stück Papier

Schwarze Punkte auf einem Stück Papier
sagen mir noch zu wenig –
doch was sagen sie dir?
Empfindest du beim Sehen bereits die Melodie,
erfüllt von Emotionen spielst du sie,
legst einen Hauch deiner Seele
in sie hinein,
erweckst sie zum Leben,
gibst den Punkten ihr Sein.
Schwarze Punkte auf einem Stück Papier …

Musik

So zart wie eine Libelle,
die da sitzt auf meiner Hand,
trägt sie mich fort, in ein fremdes,
mir noch unbekanntes Land,
und wie ich da so wandle mit
kindlichem Gespür,
es sind so viele Wege
und hier und da 'ne Tür.
Dann schließe ich die Augen
und lass mich auf sie ein,
nun kann ich es spüren,
dieser Weg ist mein.

Manchmal, nur manchmal

Manchmal ist das Herz berührt,
ohne Berührung,
manchmal ist dein Wesen
das Wesentliche,
manchmal sind die Unscheinbaren
die Erscheinung,
manchmal vergessen wir,
was wir bereits wussten,
und alles ist immer genau richtig.

Schöne Gedanken

Ich bin einverstanden mit allem, was ist,
nur kurz taucht manchmal auf:
Na so 'n Mist!
Ich bin bereit, das Schöne zu sehen,
mich allem zu stellen
und in mich zu gehen.
Berührt von deinem Lächeln,
gestreift von deinem Blick,
steh ich zu mir und nehm's nicht zurück.
Ich bin einverstanden, mit allem, was ist!

Freundschaft, die verbindet

Da ist eine Verbindung,
entstanden aus Licht,
selbst klare Worte zerstörte sie nicht,
auch Zeiten des Schweigens sie überstand,
da ist dieses tiefe innere Band.
Danke, mein Freund, für deine Worte.
Danke, mein Freund, für deine Hand.
Danke, mein Freund, für viele Orte.
Danke, mein Freund, für dein inneres Band.

Auf der Suche nach der Schönheit

Auf der Suche nach der Schönheit
hab' ich heut den Tag verbracht,
schon am Morgen hört' ich die Schönheit,
in Form der Vögel,
verscheuchten die Nacht,
mittags sah ich die Schönheit,
tobende Kinder, lachend im Park,
abends saß ich mit Freunden,
Schönheit, so wie ich sie mag,
suchte ich die Schönheit,
oder suchte sie mich?
Egal, die Schönheit,
sie findet auch dich!

Mein Glück

Das Glück liegt heute mir im Sinn,
ganz egal, wo ich auch bin,
seh' hier und da ein Blümlein blüh'n,
die Welt ist schön mit allem,
betört von Jasmin und Linden,
kann mein Glück ich heute finden.

Begegnest du mir,
dann schenk ich dir
ein Stück von meinem Glück,
denn davon möchte ich geben,
täglich in meinem Leben.

Die Schönheit von Wort und Gedanken

Die Schönheit von Wort und Gedanken
hat es mir angetan,
das schöne Wort und Wörter der Schönheit
ziehen mein Lächeln an.

Der Wunderzauberbaum
für Fantasie gemacht,
verzauberte Wunder, versteckt in den Bäumen,
oder was hast du gedacht?

Die Nacht der Sternenstunden,
auf Entdeckungsreisen sein,
die Schönheit von Wort und Gedanken,
ich lade sie zu dir ein.

Der Wahrheitszauber öffnet,
was verschlossen schien,
bezaubert, heilt,
wo führt es dich hin?
Zu Schönheit von Wort und Gedanken,
so lade ich dich ein,
sie mit mir zu teilen,
lächelnd werden wir viele sein.

Liebe zur Natur

Die Schönsten dieser Welt!

Der Zauber liegt in deinem Blick,
ich senk' die Augen, schau nicht zurück,
mein Herz, das antwortet nur dir,
trotzdem spür' ich dein Begehr,
bist nicht genügsam,
du willst mehr,
dein fordernder Blick sagt es mir,
du geliebtes Katzentier.

Nebel

So tropft der Nebel von den Bäumen,
wie die Liebe aus dem Herz,
die Fantasie geweckt zu träumen,
stiller Frieden, kein Kommerz.

Nehme nur wahr der Vögel Laute,
die letzten Kraniche ihren Tanz vollziehen,
Stille rührt meine Seele,
leise gleite ich dahin.

Die letzten Blätter friedlich sinken,
der Nebel lässt mich bei mir sein,
keinen Gedanke an die Ferne,
erahne ich den Sonnenschein.

Schwanenflug

Ein Schwan sich in die Lüfte schwingt,
unverwechselbar, wie das klingt,
das hat so was von Herzberühr'n.
von Nachhausekommen,
Verbundenheit spür'n.

Die Bäume im Wind

So wie die Bäume im Wind
die Blätter von sich weisen,
die Äste in Stille langsam vereisen,
die Sonne kühl den Tag erhellt,
verhalten sich Menschen auf dieser Welt.

Ein grünes Blatt hat sich verirrt,
von kahlen Zweigen es geschnürt,
es wird der Übermacht sich fügen,
das zarte Grün dem Braun erliegen.

Hoffnung auf Zeiten des ewigen Grüns,
der wärmenden Sonne, des zeitlosen Blühens,
des Sich-Besinnens auf Zusammenhalt,
ohne Ketten, Mauern und Gewalt.

Hörst du die Linden blühen?

Hörst du die Linden blühen,
siehst ihren Duft,
schmeckst ihre Schönheit
und bist verwirrt?

Der Tanz der Kraniche

Dem Ruf der Kraniche folgte ich,
er drang mir in Herz und Ohr,
sie tanzten kreisend nur für mich,
in ihrer Anmut ich mich verlor.

Erinnerungen an den Sommer

Ein seichter Wind
den Mohn verführt,
die Kornblumen wirken irritiert,
Holunderblüten ganz verwegen
die Köpfe senken fast verlegen,
die zarten Schwalben
im Winde tanzen
und fröhlich zwitschern von Romanzen.

Rosen im Dezember

Die Rosen blühen im Dezember,
des Winters Stille und Zauber fern,
die Menschen kommen nicht zur Ruhe,
auf der Suche nach ihrem inneren Stern.

Winterzeit

Im warmen Raum, da sitze ich,
der Winter, angeschlichen hat er sich,
die kleinen Spatzen im Vogelhaus,
seh'n auch ganz verfroren aus,
schüchtern, behutsam und leise,
pickt da eine Meise,
die Amsel sucht unter jedem Blatt,
ob der Sommer sich dort verkrümelt hat,
die längste Finsternis ist nicht mehr weit,
dann schauen wir entgegen, der hellen Zeit.

Dein Weg zu dir

Sei ...

Sei nicht toll, sondern sei;
sei nicht stolz, kein Gehabe;
sei einfach du,
das ist deine schönste Gabe;
schließ die Augen und dann sei,
in dem Moment bist du frei;
sei nicht toll, sondern sei.

Wissen?!

Wenn du nicht weißt,
dass du bist,
wer kann es dir sagen?
Wenn du nicht fühlst,
wie es ist,
wie kannst du es ertragen?
Wenn du nicht sagst,
was dir fehlt,
wer kann es wissen?
Wenn du es nie versuchst,
wirst du es nie wissen!
Wenn du nur siehst,
was alle glauben zu sehen,
kannst du es je verstehen?

Der Sturm des Lebens

Hat der Sturm des Lebens
dich in Besitz genommen,
bist vorher so sanft
vor dich hin geschwommen,
jede Böe schubst dich nun hin und her,
und du weißt schon gar nichts mehr,
hast deine Wünsche schon ganz vergessen,
Träume schon lange nicht mehr besessen,
kehr' zurück, zurück zu dir,
geh' in dein Herz,
die Stille ist hier!

Schwarze Sonne

Spiel' deine Rolle und denk', ich bin blind,
sieh mit den Händen, mit den Ohren im Wind.
Spiel' ich dein Spiel oder bin ich wie du?
Glaubst du wirklich, ich seh' dir nur zu?

Bist du sicher auf deinem Weg,
Dunkelheit sich um dich legt,
traust du dir und traust der Welt,
sie dir in den Rücken fällt.

Schläfst du oder dämmert es dir?
Dreh' dich um, denn ich bin schon hier,
die kalte Spitze in deinem Rücken,
oder doch nur ein Hauch voller Entzücken?

Sinnfrei

Frei vom Zwang und im Herzen der Klang,
Melodie meines Lebens,
suchte nach ihr vergebens,
da fand sie mich.
Frage nicht nach dem Sinn,
den erkenne ich zu gegebener Zeit,
da wo ich bin am Anfang,
ist der Weg noch weit.

Lass es geschehen,
brauchst nichts zu sehen,
mein Herz kennt die Melodie,
meine Hände spielen sie.

Der Klang der Seele

Hör' ich meiner Seele zu,
welch eigen Melodie,
vertontes Leben, ein Klang in Farben,
eintönig war es nie,
Klänge der Welten,
die in mir sind,
tönen aus mir heraus,
befreien die Seele,
beschwingen das Herz,
vergessen, vergeben, verzeihen.

Alles ist Energie

Gedanken, festgesetzt in meinen Kopf,
du nimmst wahr die Energie,
verhältst dich, als hätte ich gesprochen,
es scheint mir wie Magie.
So will ich achten meine Gedanken,
nicht verletzten noch verstören,
der Wahrheit meines Herzens folgen,
auf die innere Stimme hören.

Wenn meine Trauer Flügel tragen

Wenn meine Trauer Flügel tragen,
dann ist einer von diesen Tagen,
an denen ich denke, was lange her,
und ich träume, was nimmermehr,
und ich wünsche, was schon vorbei,
mein Herz erschöpft von Trauer sei.

Wenn meine Trauer Flügel trägt,
der große Sturm hat sich gelegt,
mein Leben kehrt in mich zurück,
ein wenig Frieden, etwas Hoffnung
und manchmal Lebensglück.

Wenn meine Trauer von Flügeln getragen,
trägt der Wind sie von mir fort,
von Regen von Sanftmut tanzend umworben,
schwebt sie dahin, an deinen Ort.

Eitelkeiten

Erkannt – gelassen nehm' ich es hin,
die Eitelkeit, die ich auch bin,
ein Teil, der vorgibt, ich zu sein,
aufgeblasen, nur zum Schein!
Das kleine Ich, ganz tief verborgen,
verspricht mal wieder, ich zeig' mich morgen,
und morgen ist dann übermorgen,
so bleibt mein Ich weiter verborgen.

Das schöne Leben

Schon gesehen? Die Sonne scheint,
wie sollte ich das sehen?
Bin im Stress, hab keine Zeit,
ich esse sogar im Gehen.
Schon gehört? Ein Vogel singt,
wie sollte ich das hören?
Den ganzen Tag hier dieser Krach,
sei still, du darfst nicht stören.
Schon bemerkt? Vorbei die Zeit,
die dir war gegeben,
vor lauter Arbeit,
hast du's verpasst,
ach, dein schönes Leben.

Einfach sein

Wie gern würde ich sein,
was meinem Wesen entspringt,
ohne den Druck der Zeiten,
dann wäre ich die, die Leichtigkeit lebt,
und manchmal voller Albernheiten.
Ich wäre frei von jeder Erwartung,
könnte die sein, die ich bin,
würde die Liebe leben,
die in mir wohnt,
und alles hätte einen tieferen Sinn.

Mein Frieden rettet die Welt!

Da saß ich nun, ich kleiner Wicht,
voll Wut und Groll und Zorn,
hab' nicht erkannt,
dass ich allein meinen Ärger hab' geboren.
Ich stapfte wütend durch die Welt
und traf auf noch mehr Hass,
den sanften Frieden ich nicht sah,
der gelassen neben mir saß.
Es ist dein Mut, dein Frieden,
deine Hand,
ich konnt' mich nicht entziehen,
durch dich und mich hab' ich erkannt,
uns rettet nur der Frieden,
der Frieden in uns drin!

Besinnung

Begreifst du den Sinn?
Besinnst du dich?
Was macht es aus,
dein Leben?
Bist du ferngesteuert oder festgefahren?
Was kannst der Welt du geben?
Kannst du nehmen, was dir geschenkt?
Ohne dich zu verlieren?
Hast deinen Blick schon lang gesenkt,
kannst dich nicht mehr spüren?
Lässt täglich dich von vielen Dingen
sinnlos überfluten?
Gefühllos treibst du durch die Welt?
Stopp: Lass nicht dein Herz verbluten!

Stille

Es sind Gedanken,
die die Stille in mir nehmen;
Gedanken, die nach diesem und jenem sich sehnen;
Gedanken, die die Zukunft glauben;
Gedanken, die den Schlaf mir rauben;
Gedanken, manchmal auch ein Segen;
Gedanken, die zur Stille mich bewegen.

Abschied

Es fällt mir nicht leicht,
es hinzunehmen,
doch immer wieder kommt es vor,
Abschied zu nehmen,
von Teilen des Lebens,
zu wissen, auch mir steht Abschied bevor,
dann wehrt sich in Angst,
verdrängt, überspielt,
was auch immer da kämpft,
mit Schwert und Schild,
es hat keinen Sinn,
dagegen anzugehen,
der Abschied
ist auch für mich vorgesehen.

ALPHABETISCHES VERZEICHNIS

Abschied

Absichtslos glücklich

Alles ist Energie

Auf der Suche nach der Schönheit

Besinnung

Das Glück der Welt

Das Klagelied

Das Leben

Das Leben ist ein Gedicht

Das schöne Leben

Dein Licht

Dein Weg zu dir

Deine Freiheit

Der Klang der Seele

Der Mensch

Der Sturm des Lebens

Der Tanz der Kraniche

Die Bäume im Wind

Die Liebe zu mir selbst

Die Schönheit der Welt erkennen

Die Schönheit des Seins

Die Schönheit von Wort und Gedanken

Die Schönsten dieser Welt!

Die Sicht der Dinge

Die Zeit, die uns bleibt

Die, die ich bin

Einblicke

Einfach sein

Eitelkeiten

Erinnerungen an den Sommer

Fehlende Liebe

Freundschaft, die verbindet

Geschenk

Gestimmt?!

Gezeiten des Lebens

Glück und Liebe

Grenzenlosigkeit

Hörst du die Linden blühen?!

In den Wolken

Keine Zeichen, keine Wünsche, keine Hoffnung!

Klare Winternacht

Kleine Freunde

Kleiner blauer Drache

Lebensmüde

Liebe zur Natur

Loslassen

Manchmal, nur manchmal

Mein Frieden rettet die Welt!

Mein Glück

Meine Muse

Menschlichkeit

Musik

Nebel

Perspektivwechsel

Rauchnächte

Reich der Fantasie

Rosen im Dezember

Rosenzaubergarten

Schatten der Liebe

Schöne Gedanken

Schwanenflug

Schwarze Punkte auf einem Stück Papier

Schwarze Sonne

Sei …

Sein

Sinnfrei

Sonntagsgedicht

Stille

Trauer

Unendliche Trauer

Unterdrückte Emotionen

Verlorene Tränen

Verrückt?!

Verschleierung

Vom Sternchen zum Schnuppchen

Von denen, die dachten, dass sie wollten!

Von der Liebe, dem Leben und der Leidenschaft

Von der Liebe, die bleibt!

Wachstum und Vertrauen

Was ist das für ein Leben?

Was macht der Sinn in Sinnlichkeit?

Was soll ich dir sagen?

Was würde die Liebe dazu sagen?

Weil du bist!

Weiße Flocken

Wenn du dich traust!

Wenn meine Trauer Flügel trägt

Wer bist du?

Winterblume

Winterzeit

Wissen?!

Zauberwald

Zwei Minuten für einen schönen Tag